Jennifer Blasinski

Realitätskonstruktionen: "K ist geisteskrank. Die Anatomie eines Tatsachenberichtes" - Eine Untersuchung

GRIN Verlag

Bibliografische Information der Deutschen Nationalbibliothek:

Die Deutsche Bibliothek verzeichnet diese Publikation in der Deutschen National-
bibliografie; detaillierte bibliografische Daten sind im Internet über http://dnb.d-
nb.de/ abrufbar.

Impressum:

Copyright © 2012 GRIN Verlag GmbH
Druck und Bindung: Books on Demand GmbH, Norderstedt Germany
ISBN: 978-3-656-35759-9

Dieses Buch bei GRIN:

http://www.grin.com/de/e-book/208070/realitaetskonstruktionen-k-ist-geisteskrank-
die-anatomie-eines-tatsachenberichtes

GRIN - Your knowledge has value

Der GRIN Verlag publiziert seit 1998 wissenschaftliche Arbeiten von Studenten, Hochschullehrern und anderen Akademikern als eBook und gedrucktes Buch. Die Verlagswebsite www.grin.com ist die ideale Plattform zur Veröffentlichung von Hausarbeiten, Abschlussarbeiten, wissenschaftlichen Aufsätzen, Dissertationen und Fachbüchern.

Besuchen Sie uns im Internet:

http://www.grin.com/

http://www.facebook.com/grincom

http://www.twitter.com/grin_com

TU Berlin
Fakultät VI
Institut für Soziologie
SS 2012
Seminar: Ethnomethodologie

Verfasserin: Jennifer Blasinski

Studies in Ethnomethodology V
„K ist geisteskrank. Die Anatomie eines Tatsachenberichtes."
- Verschriftlichtes Referat -

Gegenstand – kurze Zusammenfassung:

Die folgende Verschriftlichung wird sich mit dem Text „K ist geisteskrank. Die Anatomie eines Tatsachenberichtes", der im Jahre 1976 von Dorothy E. Smith verfasst wurde und wie der dazugehörige Seminartext „Fünf Merkmale der Realität" (Mehan und Wood) in dem Buch „Ethnomethodologie. Beiträge zu einer Soziologie des Alltagshandelns" veröffentlicht wurde, befassen. Primäres Ziel hierbei wird sein, die Kerngedanken des Textes zusammenzufassen, diese anhand eines Beispiels zu verdeutlichen und abschließend in Bezug zu dem Seminartext zu setzen.

Orientierung – Ethnomethodologie als praktisches Forschungshandeln

Das Buch ist in zwei Teile unterteilt. Der eine beschäftigt sich mit der Ethnomethodologie als theoretischem Programm und der andere mit der Ethnomethodologie als praktischem Forschungshandeln.

Bis jetzt wurde im Rahmen des Seminars die Ethnomethodologie vor allem aus theoretischer Perspektive betrachtet. Zwar wurden bereits einige Beispiele im Zusammenhang mit den fünf Merkmalen der Realität genannt, die die theoretischen Behauptungen veranschaulichten und empirische Bezüge herstellten (z.b. die Taxonomie der „Freaks", das Orakel der Azande, die Etikettierung innerhalb der Psychiatrie), das folgende Fallbeispiel der K, die als geisteskrank definiert wird, wird sich jedoch noch einmal eingehender mit dem praktischen Forschungshandeln, anhand von abweichenden Verhalten beschäftigen. Ziel wird also sein, einen näheren Einblick in die methodologische Vorgehensweise zu erhalten.

Der Bericht stammt, wie auch schon der Text über die fünf Merkmale von Realität, aus dem Buch „Ethnomethodologie. Beiträge zu einer Soziologie des Alltagshandelns", welches 1976 von Weingarten und Sacks herausgegeben wurde. Hierbei handelt es sich jedoch um die zweite Auflage, die dementsprechend zu einem späteren Zeitpunkt (1979) herausgegeben wurde.

Die hiesige Ausarbeitung wird sich nur mit einer Seite der Medaille beschäftigen, sodass die betroffene Person, d.h. diejenige, die dem Definitionsprozess „geisteskrank" unterliegt, nicht zu Worte kommen wird. An dieser Stelle sei bei näherem Interesse auf ein weiteres Kapitel des Buches verwiesen, das von Louis Narens geschrieben wurde und sich mit den Vorstellungssystemen der Geisteskranken auseinandersetzt. Dieses Kapitel beschert, anders als das, welches hier vorgestellt werden wird, einen Einblick darin, wie Geisteskranke ihrerseits Realitäten bauen und welche Vorstellungssysteme diese haben.

Z.B. wird sich dort mit einer Frau beschäftigt, deren innere Stimme „Oskar" sie dazu verleitet bestimmte Dinge zu tun, wie z.B. das Ausrauben eines Getränkeladens zu begehen und sich dabei von der Polizei fassen zu lassen, oder mit einem Mann, der der Überzeugung ist tagtäglich von der Polizei abgehört und beobachtet zu werden. Aber dies nur zur Information.

Dorothy E. Smith – Exkurs zur Autorin

Der Text wurde von Dorothy Edith Smith, die im Jahre 1926 in Großbritannien geboren wurde, in Kanada lebt und Soziologin, sowie Feministin ist, verfasst. Des Weiteren ist sie Professorin an der Universität Toronto. Sie besuchte die London School of Economics und die University of California in Berkeley und machte ihren Abschluss in Soziologie. Als Hauptfach belegte sie Sozialanthropologie. Dorothy publiziert(e) viel im Bereich Feminismus und hat sogar eine feministische Kritik über die Psychiatrie geschrieben, die sich da nennt: „I'm not mad, I'm angry" (1975).

Titel des Textes – Erster Eindruck, erste Fragen

Die Seminarsitzung befasste sich in erster Linie mit Realitäten. Im Zusammenhang mit dem Fallbeispiel wird es jedoch auch viel um Wahrnehmung gehen. Der Bericht enthält gewisse Instruktionen, die dem Leser oder Hörer vorab gegeben werden und ist dementsprechend in der Lage die Wahrnehmung auf eine gewisse Weise zu lenken und Instruktionen zu geben, *wie* der Bericht zu lesen ist. Was jedoch genau damit gemeint ist, wird im Verlauf der hiesigen Verschriftlichung noch deutlicher hervorgehen.

Die Kommilitonen sollten im Rahmen des Referates zunächst im Zusammenhang mit dem Titel „K ist geisteskrank. Die Anatomie eines Tatsachenberichtes." mit folgenden Fragen konfrontiert werden:

- Was vermittelt euch dieser Titel und was ist euer erster Eindruck?
- Was erwartet ihr von dem Text, den ich euch vorstellen werde?

Festgehalten werden sollte an dieser Stelle, dass sich hinter dem Satz kein Fragezeichen befindet. K ist geisteskrank. Punkt. Hier geht es also nicht darum, *ob* K geisteskrank ist und *warum* sie geisteskrank ist, sondern der Titel des Textes trägt die Behauptung, *dass* K geisteskrank ist. Punkt.

Die Frage war nun: „Was bewirkt dies in uns Lesern oder Hörern? Was bewirkt es, dass der Titel des Textes eine Behauptung aufstellt, die unhinterfragt ist und einfach so da steht, punkt?"

Des Weiteren: „Die Anatomie eines Tatsachenberichtes." Weitere Fragen, die im Rahmen der Veranstaltung beantwortet werden sollten, waren: „Was ist überhaupt ein Tatsachenbericht? Was bewirkt es in uns, dass etwas von Anfang an als Tatsache behandelt wird? Und wie genau werden Tatsachen überhaupt „gemacht"?"

Zur Entstehung der Daten – Eine Erläuterung

An dieser Stelle soll sich mit der Entstehung der Daten befasst werden.

Und zwar bildet die Grundlage der Analyse ein Interview, das im Rahmen eines Universitätskurses zu abweichendem Verhalten entstanden ist. Schließlich stellt Geisteskrankheit eine

Art von abweichendem Verhalten dar. Es gibt unterschiedliche Arten und Theorien abweichenden Verhaltens, die jedoch in der hiesigen schriftlichen Ausarbeitung nicht behandelt werden können.

Die Frage, die es im Rahmen dieses Kurses zu klären galt war: „Wie kommt ein Laie dazu jemanden für geisteskrank zu halten?" Die Studenten sollten also Interviews führen und mit der Frage beginnen: „Gibt es in Ihrem Bekanntenkreis irgendjemanden, der in Ihren Augen vielleicht geisteskrank sein könnte?"

Im Allgemeinen sollten verschiedene Informationen im Rahmen des Interviews gesammelt werden. Zum einen über die erste Situation, die den Befragten dazu veranlasste, den Betreffenden für geisteskrank zu halten. Dann genauere Informationen darüber, welche Verhaltensweisen der oder die Betreffende an den Tag legte, die zu dieser Definition führten. Des Weiteren, welche Art der Beziehung zu dem Betreffenden bestand oder besteht, also ob man gut befreundet, oder nur flüchtig bekannt war usw. Sowie, welche Personen insgesamt daran beteiligt waren, den Betreffenden als geisteskrank zu definieren.

Die Studentin, die das Interview führte gab im Rahmen des Kurses zunächst einen mündlichen Bericht ab und legte die getippte Fassung dann später vor. Das Interview wurde nicht mit Hilfe eines Tonbandes aufgenommen und die Daten, die vorliegen, sind bereits durch die Interpretationen und Charakterisierungen der, an dem Zustande-Kommen des Berichtes, beteiligten Personen strukturiert. Die erste Reaktion dann bei der Autorin (Smith), die den Kurs leitete, war:

„Ich dachte bei mir selbst, die Betreffende wird immer verwirrter werden und dann wird sie eines Tages an ihrer Arbeitsstelle durchdrehen und eingewiesen werden." (S.371)

Interview – Zusammenfassung

Die Interviewte Person stellt eine Freundin der betreffenden Person, namens Angela dar, die über die Ereignisse, die zu der Definition „K ist geisteskrank" führten, berichtet.

Zur Veranschaulichung sollte im Rahmen des Referates ein Auszug aus dem Interview gezeigt, sowie eine kurze Zusammenfassung gegeben werden, um eine ungefähre Vorstellung davon zu vermitteln, welche Informationen das Interview im Allgemeinen enthält.

Das Interview fängt damit an, dass K als Angelas Freundin beschrieben wird. Es wird geschildert, wie sie sich kennenlernten, dass sie gemeinsam zur Universität gingen usw. K wird zunächst sehr positiv beschrieben. Sie würde aus einer guten Familie stammen, sportlich, freundlich usw. sein. In einem folgenden Abschnitt werden dann auch die ersten merkwürdigen Vorkommnisse beschrieben, z.B. dass K jeden Morgen wegen irgendwelchen Kleinigkeiten im Auto weinte und von den anderen getröstet wurde. Angela beschreibt, wie sie nur sehr langsam zu der Erkenntnis kam, dass K geisteskrank wurde. Sie berichtet, dass es z.b. schwierig war mit ihr ein vernünftiges Gespräch zu führen, weil sie alberne Bemerkungen machte, die gleichsam nichts mit dem Thema zu tun hatten. Sie beschreibt, wie sie anfing sie wie ein Kind zu behandeln und eine beschützende Haltung ihr gegenüber einzunehmen. Sie schildert dann Situationen, an denen sie den „Wandel" erkannte. Trudi, eine gemeinsame Freundin, stellt dann anhand eines Aufsatzes von K, der sich wie der einer zwölfjährigen liest, auch fest, dass etwas nicht stimmt. Angela erläutert, wie sie sich für K verantwortlich fühlte und deswegen mit ihr und Trudi gemeinsam eine Wohnung bezog. Dann wird eine Situation beschrieben, in der auch die Mutter von Angela bezeugt, dass mit K etwas nicht stimmt, als K, anstatt darauf zu warten, bis Angelas Mutter ihr das gewünschte Frühstück zubereitet hat, das der Mutter verspeist. Sie verlangte nach einem Tee und einem hartgekochten Ei, nahm dann jedoch einen Kaffee und ein weichgekochtes Ei zu sich. Die Situation wird so beschrieben, dass Angelas Mutter zunächst noch dachte, sie hätte sie missverstanden, dann jedoch bemerkte, dass K nicht in der Lage war den Deckel auf den Teekessel zu setzen. Auch sie bezeugte dementsprechend, dass mit K etwas nicht stimmte.

Die Ereignisse häuften sich und immer mehr Personen bezeugten, dass sich K merkwürdig verhielt. K spülte Geschirr, hinterließ es jedoch schmutzig. Sie nahm ein Bad, hinterließ es jedoch schmutzig. Sie überzog den Haushaltsplan, ließ immer alles anbrennen und konnte sich simpelste Informationen, wie z.B. Haushaltsgeräte funktionieren, nicht behalten. Am Ende spitzten sich die Dinge dann zu, als noch eine dritte Freundin, Betty (Psychologiestudentin) und ein Freund von ihr bezeugten, dass etwas nicht stimmt, als K anfängt plötzlich völlig ohne Zusammenhang zu reden.

An dieser Stelle sei noch zu erwähnen, dass die Erzählperspektiven wechseln. So enthält das Interview z.B. zum einen eine Darstellung dessen, was Angela aus der Sicht des Interviewers erzählt hatte. Zum anderen jedoch auch die Geschichte von Angela mit der hinzugefügten Erklärung des Interviewers. Dies sei jedoch nur am Rande erwähnt, denn auf die wichtigsten Eigenschaften des Berichtes wird im Verlauf näher eingegangen werden.

Besonderheiten des Berichtes

Der Bericht enthält bestimmte Besonderheiten, die im Folgenden erläutert werden sollen.

Zum einen die Schwierigkeit der Kategorie „Geisteskrankheit". Die Schwierigkeit liegt darin, dass die Kriterien der Zugehörigkeit zu der Kategorie „Geisteskrankheit" relativ unklar sind. Denn es ist nicht klar, welche Normen verletzt worden sind, wenn jemand als geisteskrank eingestuft wird. Es ist aber eindeutig möglich, das Verhalten in einer solchen Weise zu beschreiben, dass jeder diese Einstufung nachvollziehen kann. Z.B. bei dem abweichenden Verhalten „Jugendkriminalität" ist dies relativ klar. Z.B. die Norm „Du sollst nicht stehlen". Begeht ein Jugendlicher dennoch Diebstahl, wird diese Norm des „Du sollst nicht stehlen" verletzt. Doch bei Geisteskrankheit ist dies nicht immer so eindeutig.

Des Weiteren wird der Sachverhalt „K ist geisteskrank" im Rahmen einer *sozialen Organisation* definiert. Smith führt dies wie folgt aus:

> *„Der Begriff der sozialen Organisation wird hier in analoger Weise verwandt, um als Beteiligte an der Produktion dieses Berichtes nicht nur den Soziologen, den Interviewer und den Befragten zu erfassen, sondern auch alle, die die Ereignisse selbst auslösten und zu entscheiden versuchten, wie diese aufzufassen seien." (S.370)*

Das heißt also, dass K als geisteskrank definiert wird, entspricht einer sozialen Organisation in dem Sinne, dass eine Vielzahl an Individuen an diesem Definitionsprozess beteiligt war/ist.

Eine weitere Besonderheit liegt darin, dass der Bericht eine Vielzahl an Instruktionen enthält, *wie* er zu lesen ist. Dass K geisteskrank ist, wird als unabdingbare Tatsache behandelt, die mehrere Personen bezeugen können und das bereits von Anfang an. Bereits der Titel des Textes verrät uns das. Denn K ist geisteskrank. Punkt. Und das kann nicht nur Angela, sondern das können nach und nach auch andere Personen, wie Trudi, Angelas Mutter und dann auch eher außenstehende Personen, wie Betty und ein Freund von ihr bezeugen.

Auch Smith sagt hierzu:

> *„Das Interview kann [...] unter der Perspektive einer Geisteskrankheit gelesen werden, und dann sieht man es auch so, aber hat man erst einmal das alternative Modell gesehen, [...] wird es schwierig nochmal jenes zu sehen, worin die Betreffende geisteskrank ist." (S.372)*

Das heißt also, dass eine Alternative nicht ausgeschlossen ist, durch die Instruktionen und die Art und Weise der Darstellung aber enorm schwierig wird. Hat man jedoch diese Alternative gesehen, ist wiederum die hiesige Darstellung schwierig als „Geisteskrankheit" nachvollziehbar.

Nun jedoch zu den Kernfragen an den Text: Wie wird K als geisteskrank definiert? Wie wird K geisteskrank „gemacht"? Durch welche Methoden und Verfahren kann der Bericht als ein Bericht über Geisteskrankheit gelesen werden?

Instruktionen und Legitimation – innerhalb des Berichtes

Der Bericht enthält verschiedene Instruktionen und Legitimationsverfahren.

Zu den Instruktionen zählen, dass von Anfang an als Tatsache behauptet wird, dass K geisteskrank ist. Der gesamte Bericht enthält Instruktionen, *wie* die Beschreibungen von Ks Verhalten zu lesen sind, nämlich als eigentümlich und fehlerhaft.

Dann enthält der Bericht eine Vielzahl an Legitimationen, die dazu führen den Personen, die berichten, Glauben zu schenken. So zum einen aufgrund der Tatsache, dass der Erzähler und die genannten Personen anwesend und Augenzeugen waren, der Leser bzw. Hörer jedoch nicht, frei nach dem Motto: „Du warst nicht dabei, wie willst du das wissen?" Sodass sich der Leser auf das Wissen der Augenzeugen um die Ereignisse verlässt und den eigenen Urteilsprozess ausschaltet oder einklammert.

Zusätzlich dadurch, dass Ks Verhalten durch die Art und Weise, *wie* es beschrieben wird, offenbar nicht als Quelle für normative Definitionen zu betrachten ist, das der anderen hingegen schon. K scheint also offenbar nicht zu wissen, wie sich in bestimmten Situationen angemessen zu verhalten ist. Die anderen hingegen wissen dies.

Und schließlich dadurch, dass K für die Teilnahme, aufgrund des mangelnden Wissens, wie sich in bestimmten Situationen angemessen zu verhalten ist, an der Konstruktion sozialer Tatsachen disqualifiziert zu sein scheint.

Konstruktion des Berichtes als Tatsachenbericht

Dieser Abschnitt beschäftigt sich mit den Fragen: Wie wird der Bericht nun als Tatsachenbericht konstruiert? Wie werden hier Tatsachen *gemacht?*

Die Ereignisse hier selbst sind *nicht* Tatsachen. Denn erst die Anwendung angemessener Kategorisierungsverfahren, scheint aus ihnen Tatsachen zu *machen.* Smith sagt hierzu:

> *„Wenn etwas als Tatsache hergestellt werden soll, dann muss gezeigt werden, dass angemessene Verfahren angewandt wurden, um sie als objektiv auszuweisen." (S.387)*

Die Frage, die es in diesem Zusammenhang zu klären galt, war dementsprechend: Welche Verfahrenstechniken werden hier angewandt, damit eine Tatsache hergestellt wird?

Dabei können drei Verfahrenstechniken genannt werden:

1. Die Erzählerin (Angela) ist Ks Freundin (Rahmenstruktur positiv)

Angela und auch die anderen Personen werden allgemein als positiv gegenüber K gestimmt und besorgt um K beschrieben. Die Rahmenstruktur ist also allgemein positiv, sodass es nicht nahe liegt Angela und den anderen negative Motive zuzuschreiben. Z.B. sagt Angela auch, dass sie ob sie wolle oder nicht, die Tatsache einsehen *müsse,* dass K geisteskrank ist.

2. Die Tatsache ist für alle die gleiche und beruht auf direkter Beobachtung

Es scheinen mehrere Personen, auf direkter Beobachtung beruhend, berichten zu können, dass K geisteskrank ist. Mehrere Personen betrachten und Interpretieren die Ereignisse also auf gleiche Weise.

3. Die Struktur ermöglicht Zeugen als unabhängig von den anderen zu behandeln

Diese Betrachtung, dass K geisteskrank ist bzw. dass etwas mit K nicht stimmt, scheint des Weiteren unabhängig voneinander zu geschehen. Angela beschreibt z.b., dass sie ihre Mutter nicht darauf vorbereitet hatte, dass mit K etwas nicht stimmte, sie jedoch zum selben Ergebnis gelang.

Auch Smith hält in diesem Zusammenhang fest:

> *„Die Ordnung der Ereignisse in der Erzählung schafft die Objektivität der Tatsache." (S.389)*

Zur Konstruktion von Geisteskrankheit

Die nächste Frage richtete sich danach, wie in diesem Beispiel Geisteskrankheit konstruiert wird.

Und zwar funktioniert die Beschreibung des Charakters und Verhaltens von K als eine Art, so wie Smith es nennt, *Aussonderungsoperation* zur Abgrenzung und Ausschließung von K. Wie diese Aussonderung stattfindet wird im Verlauf der hiesigen Ausarbeitung noch am Beispiel der Kontraststrukturen gezeigt werden.

K zeigt *anomales Verhalten*, d.h. K zeigt ein Verhalten, dass weder von den positiven, noch negativen Instruktionen des „Tu das und tu das nicht" vorgesehen ist. Vorgesehen wäre z.B. die Instruktion „Tue das Geschirr spülen" oder „Tue das Geschirr nicht spülen", aber nicht „Tue das Geschirr so spülen, dass es hinterher dreckig ist." Dies ist nicht von den Instruktionen vorgesehen und somit anomal.

Der Aussonderungsprozess besteht also darin, anhand der Regel- und Situationsdefinitionen zu zeigen, wie Ks Verhalten eben *nicht* den Instruktionen folgt.

Die Zuschreibung von Geisteskrankheit funktioniert dementsprechend wie folgt:

> *„[...] es ist der Zustand, dass jemand nicht in der Lage ist, die soziale Realität zu erkennen, welche für jeden anderen vorhanden ist. Seine Identifikation liegt in der Wahrnehmung, dass das betreffende Individuum dazu nicht imstande ist. Diesen Wahrnehmungsprozess meine ich mit dem Terminus Aussonderungsprozess." (S.393)*

Der Erzähler (in diesem Falle Angela) hat also eine Menge an Ausgestaltungsarbeit zu leisten, um zu überzeugen. Und diese Überzeugung besteht letztendlich in der Kontextarbeit, die in *Kontraststrukturen* zu tragen kommt. Das heißt also es muss ein Kontext geschaffen werden, der dieses Verhalten als abweichendes Verhalten ausweist. Dies wird in den folgenden Abschnitten anhand eines Beispiels veranschaulicht werden.

Kontraststrukturen - Allgemein

Bevor die in dem Bericht enthaltenen Kontraststrukturen anhand eines Beispiels verdeutlicht werden, soll zunächst mit einer Definition, sowie einer allgemeinen Beschreibung begonnen werden. Smith definiert Kontraststrukturen wie folgt:

> *„Kontraststrukturen liegen vor, wenn einer Beschreibung von Ks Verhalten eine Aussage vorangeht, welche die Instruktion liefert, wie dieses Verhalten als anomal zu sehen ist."* (394)

Der erste Teil bietet bei einer Kontraststruktur eine Instruktion zur Auswahl der Kategorien passenden Verhaltens. Der zweite Teil hingegen, zeigt dann das Verhalten, welches nicht passend war.

Diese Konstruktion arbeitet also mit den Bindegliedern: „es war offensichtlich....und trotzdem...." Es war also offensichtlich, dass man z.B. abc hätte tun sollen und trotzdem tat K xyz.

Im Bericht liegen insgesamt 13 Einzelfälle von Verhaltensbeschreibungen von K vor und darunter befinden sich noch einmal 11 Kontraststrukturen. Eine davon wird im folgendem Abschnitt erläutert werden.

Kontraststrukturen – Ein Beispiel

Nun ein kurzes Beispiel, wie eine solche Kontraststruktur aussieht. Hier besteht die Kontraststruktur aus 3 Teilen:

I	An heißen Tagen gingen wir an den Strand oder in das Schwimmbad,
II	und ich tauchte kurz unter und lag dann in der Sonne,
III	während K darauf bestand, dass sie dreißig Längen schwimmen musste

Teil I beschreibt die Situation und Teil III das Verhalten. Teil I und III reichen jedoch nicht aus, um zu zeigen, weshalb Ks Verhalten merkwürdig ist.

Teil I: „An heißen Tagen gingen wir an den Strand oder in das Schwimmbad". Das sagt noch nicht viel aus. Teil II zeigt dann jedoch, welches Verhalten diesem Typ von Situation angemessen wäre: „und ich tauchte kurz unter und lag dann in der Sonne". Angela ist hier also als Quelle normativer Definitionen zu erachten. Kurz untertauchen und in der Sonne liegen, wäre dementsprechend angebracht gewesen. Doch was tut K? Teil III: „während K darauf bestand, dass sie dreißig Längen schwimmen musste". K besteht also darauf 30 Längen zu schwimmen. Hier liegt also eine Gegenüberstellung vor, von dem, was Angela tut und was

normal wäre und von dem, was K tut und was anomal ist. Der Leser/Hörer enthält dementsprechend auch die Instruktion, wie das hier gezeigte zu lesen ist: Also erst die Situation an
sich (heißer Tag und schwimmen), dann das, was normal wäre (was Angela tut) und dann das,
was K tut und davon abweicht.

Die Verwendung „Heißer Tag" instruiert offenbar ein „faules Verhalten". Doch was tut K?
Sie schwimmt 30 Längen. Dadurch, dass sie darauf *bestand* und 30 Längen schwimmen *musste* erhält das Ganze zusätzlich einen besessenen, obsessiven Charakter.

Offenbar scheint Angela auch ein bestimmtes Modell von Freundschaft aufzustellen, das da
sagt: „Freunde tun das gleiche und haben die gleichen Interessen". K scheint dies jedoch nicht
zu teilen und besteht auf die 30 Längen.

In einem anderen Kontext, hätte der letzte Teil sicherlich auch mit etwas anderem verbunden werden können, wie z.b. dass K doch so sportlich sei. Die Gegenüberstellung, also die
Kontraststruktur, weist Ks Verhalten jedoch eindeutig als abweichendes und negativ belade-
nes Verhalten aus.

Kurze Zusammenfassung der Analyse

Was an dieser Stelle festgehalten und vom Beispiel mitgenommen werden kann, ist zum einen, dass die Definition „K ist geisteskrank", durch verschiedene Methoden und Verfahren
gemacht wird. Geisteskrankheit wird also in sozialen Organisationen, wobei dieser Begriff
betont, dass an der Produktion des Berichtes vielerlei Individuen beteiligt waren bzw. sind,
konstruiert und *zugeschrieben.*

Die Ereignisse selbst sind zudem nicht Tatsachen, sondern sie werden zu Tatsachen *gemacht* und zwar durch angemessene Kategorisierungsverfahren.

Aufgrund der Kontextarbeit und der angewandten Kontraststrukturen, sowie Instruktionen,
wie der Bericht zu lesen ist, liegt es dementsprechend nahe, dass auch der Leser/Hörer K als
geisteskrank definieren wird.

Verbindung zum Seminartext (Fünf Merkmale der Realität)

Dieser Abschnitt wird sich damit befassen, wie die durch das Fallbeispiel gewonnen Erkennt-
nisse mit dem Seminartext „Fünf Merkmale der Realität" von Mehan und Wood verbunden
werden können.

Im Zusammenhang mit den fünf Merkmalen der Realität wurde folgende Definition gegeben:

> *„Jede Realität hängt ab (1.) von dem unendlichen reflexiven Gebrauch (2.) eines Wissensbe-
> standes (3.) in Interaktionsbezügen." (S.49)*

Jeder weiß, bzw. sollte wissen, wie sich in Situation xy zu verhalten ist, d.h. es besteht ein kohärenter Wissensbestand innerhalb einer Kulturgemeinschaft, bzw. dieser wird von seinen Mitgliedern vorausgesetzt. K scheint diesen jedoch nicht zu teilen und verhält sich anders (anomal), sie verhält sich konträr zum kohärenten Wissensbestand.

Z.B in der Situation bei dem Frühstück mit Angelas Mutter: K wird von Angelas Mutter gefragt, was sie sich zum Frühstück wünsche. Diese antwortet mit „Tee und hartgekochtem Ei". Während die Mutter sich dann bemüht K das Frühstück zu bereiten, nimmt diese das Frühstück der Mutter zu sich (Kaffee und weichgekochtes Ei). Die Mutter daraufhin baut die Hilfskonstruktion „Missverständnis", um scheinbare Widersprüche zu erklären. Sie baut eine Hilfskonstruktion, um Ks abweichendes Verhalten praktisch zu erklären: „Sie hat sich anders als von mir erwartet verhalten, denn es lag ein Missverständnis vor."

Doch auch Ks Anschlussverhalten ist falsch. Die Hilfskonstruktionen greifen nun nicht mehr, denn K „weiß nicht, was jeder weiß". K weiß nicht, wie z.b. ein Teekessel funktioniert. Sie weiß nicht, wie mit dem Gegenstand umzugehen ist, obwohl sie dies, wie jeder andere auch, wissen müsste. Nicht zu wissen, wie ein Teekessel funktioniert, kann nicht mit der Hilfskonstruktion „Missverständnis" erklärt werden. K scheint ganz offensichtlich den kohärenten Wissensbestand nicht zu teilen, obwohl sie dies tun müsste.

Wie bei dem Beispiel der Etikettierung in der Psychiatrie in „Fünf Merkmale der Realität" (S.44 ff.), wird auch K in Interaktionsbezügen das Etikett „geisteskrank" zugeschrieben, d.h. Ks Verhalten wird mit dem der anderen abgeglichen und mit dem Etikett „anomal" und dann „geisteskrank" versehen.

K scheint also nicht die gleiche Realität zu teilen und wird in Folge dessen als geisteskrank definiert.

Abschluss - Diskussionsfragen

Des Weiteren sollten im Rahmen des Referates folgende Fragen zur Diskussion gestellt werden:

- Wovon genau hängt die Beurteilung „K ist geisteskrank" beim Leser/Hörer ab?
- Für wie aktuell haltet ihr den Text? Lässt sich vielleicht ein Wandel in Bezug auf die Konstruktion „Geisteskrankheit" konstatieren?
- Meint ihr, dass K auch Methoden und Verfahren hätte anwenden können, die ihr ein anderes Etikett zugeteilt hätten? Welche Methoden und Verfahren hätte K anwenden können/müssen, um der Definition „K ist geisteskrank" zu entfliehen? Oder: Inwiefern ist sie überhaupt dazu in der Lage?

- Inwiefern spielen praktische Erklärungen hier, oder inwiefern *können* praktische Erklärungen hier eine Rolle spielen?

Literaturverzeichnis

Mehan, H., & Wood, H. (1979). Fünf Merkmale der Realität. In E. Weingarten, & F. Sack, *Ethnomethodologie. Beiträge zu einer Soziologie des Alltagshandelns* (S. 29 - 63). Frankfurt am Main: Suhrkamp.

Narens, L. (1979). Vorstellungssysteme der Geisteskranken. In E. Weingarten, & F. Sack, *Ethnomethodologie. Beträge zu einer Soziologie des Alltagshandelns* (S. 272 - 294). Frankfurt am Main: Suhrkamp.

Scott, M. B., & Lyman, S. y. (1976). Praktische Erklärung. In Auwärter, M. et al., *Seminar: Kommunikation, Interaktion, Identität* (S. 73 - 114). Frankfurt am Main: Suhrkamp.

Smith, D. E. (1979). K ist geisteskrank. Die Anatomie eines Tatsachenberichtes. In E. Weingarten, & F. Sack, *Ethnomethodologie. Beträge zu einer Soziologie des Alltagshandelns.* (S. 368 - 415). Frankfurt am Main: Suhrkamp.